Cómo controlar la ansiedad y los ataques de pánico en un corto tiempo

Técnicas efectivas para poder eliminarla de tu vida, así como secretos para vencer el insomnio causado por la ansiedad

"El miedo es la emoción más difícil de controlar. La tristeza la lloras, La furia la gritas, pero el miedo te atrapa silenciosamente en tu corazón". **Psicólogo emocional - online**

Índice

Prólogo

Probablemente estés en este momento a punto de comenzar a leer este libro, porque estás casi rendido, a punto de renunciar a la búsqueda de tu felicidad. Estás hundido en un precipicio llamado trastorno de ansiedad generalizada (TAG). Yo no soy ajeno a ese sentimiento, se cabalmente cómo se siente, tratar de al menos encontrar una pequeña salida a ese infierno. De igual modo, estoy totalmente convencido que más allá de encontrar una cura quieres que sea lo más rápido posible. Y si esa es tu meta; te insto a que analices detenidamente esta guía definitiva hacia tu felicidad, que se encuentra en este pequeño libro que mostrará metodologías innovadoras de cómo salir de ese angustiante trastorno. ¡Léelo! Te sorprenderás.

Consideras que la dirección de tu vida se acerca a un aparatoso final debido a los constantes ataques de pánico y a lo que eso significa para ti; una total pesadilla. Los momentos felices quedaron en el pasado que estás casi a punto de resignarte y en el peor de los casos; pensar en terminar con todo: tu propia vida. Pero no sin antes haberte detenido por un segundo a leer esto, que quizás en principio pensaste que era otro más de esos libros de autoayuda de cuarta, pero déjame contestarte con un rotundo: no. Creo fielmente que este libro que estás a punto de leer, es una de las guías más innovadoras y prácticas del mundo sobre el tema de la ansiedad generalizada. Cómo leíste, controlar y eliminar el trastorno de ansiedad de tu vida, y lo mejor: en un corto espacio de tiempo. En esta guía decisiva, aprenderás una lista de técnicas, de las más efectivas que aprendí en los mejores hospitales de salud mental alrededor del mundo, cuando estuve bajo las garras de la ansiedad, y que gracias a ponerlas en práctica me ayudaron a sanar asombrosamente.

Puedo jactarme con orgullo que soy un sobreviviente de este maldito trastorno. No lo sufrí por meses, fueron años de agonía encerrado en mis miedos, que muchas veces me llevaron al límite de intentar suicidarme. Hasta que encontré la manera de controlarla para después alejarla de mi vida. Lo que lees no es un prólogo de marketing, es la realidad de la metodología que yo usé y que pronto conocerás. Quiero hacer énfasis en que este método no es magia que promete la sanación de un día a otro: no. Pero si es una metodología que desde el primer día que lo pruebes hará grandes cambios en tu estado mental que te será en principio difícil de entender. Pero solo será el comienzo.

Por tanto, te exhorto a que lo examines lo más pausadamente posible, y lleves a cabo todas las pautas que te indico. Si yo que padecí un trastorno de ansiedad de las más horribles que podrías imaginar; pude lograrlo gracias a estas técnicas y que si las empleas tú, estoy seguro que podrás salir vencedor.

No escribí este libro con el objetivo de ganar dinero, que es algo que no ocupo ya en este momento de vida que soy feliz. Lo escribí porque deseo con toda mi alma que muchos espíritus abatidos que se encuentran sin esperanzas y rendidos a este monstruo; salgan y retomen su vida o al menos traten de ser felices nuevamente. Disfruta esta pequeña guía que es tu camino a tu felicidad mental. Tu amigo Simmons Graham que padeció el infierno del trastorno de ansiedad generalizada y pudo nuevamente ser feliz. Soy feliz.

Si te ayuda en gran medida la metodología que explica este libro, te pido de favor me dejes un comentario para seguir ayudando a más personas que padecen este problema. Muchas gracias.

La ansiedad generalizada

El trastorno de la ansiedad generalizada es un gran problema de salud pública en nuestra era, más de lo que podríamos imaginar, provocando una ola de problemas en todo el mundo. Y de acuerdo al Mental Hospital Gelh uno de los mejores centros de salud mental del planeta, dio a conocer recientemente algunos datos alarmantes, donde menciona que 2 de cada 10 personas que sufre este padecimiento acuden a centros especializados, y que únicamente en los Estados Unidos eso equivale a más de 20 mil millones de dólares del presupuesto de salud anual. Y esto obviamente, no incluye el gasto que se hace alrededor del mundo por este trastorno. Sin lugar a dudas se ha convertido en una pandemia, incluso la OMS la cataloga un problema más preocupante que incluso el VHI por la ola de suicidios que ha provocado en los últimos años, además del alto costo económico.

Conociendo eso, entonces cabe preguntarse, ¿Qué es la ansiedad generalizada en sí que provoca tanta angustia mental para el individuo que la padece? Veamos la definición clínica de acuerdo a los especialistas del Mental Hospital Gelh: Es un trastorno mental en el cual una persona a menudo está preocupada o ansiosa sin motivo respecto a muchas cosas, en su mayoría de índole catastrófico, aunado a una serie de sintomatología que suele presentarse durante todo el día o parte de la noche.

Para un individuo que padece ansiedad no siempre será sencillo encontrar el diagnóstico adecuado, debido a que cuando sufren por ejemplo un ataque de pánico o síntomas del mismo padecimiento, lo normal es acudir a un médico general que en su mayoría no tiene la sensibilidad ni el tacto mucho menos conocimientos profundos de dicho mal, y por lo regular dan diagnósticos erróneos y tratamientos poco efectivos. Y esto es más común de lo que crees, incluso presentando todo el cuadro sintomático. Otros no acuden nunca por ayuda profesional debido a su ignorancia y desconocimiento, y otros sencillamente por el que dirán. O simplemente por pena creen que acudir por ayuda profesional psicológica serán tachados de débiles y ridículos o exagerados.

Como hemos visto ya la definición de este trastorno tan desgastante que ya la mayoría la ha escuchado, pero que pocos saben profundamente todo lo que encierra tenerla. La ansiedad en si es una característica natural que todos los seres humanos tenemos para nuestra supervivencia y nos ayuda a salir de situaciones estresantes. Pero más allá de que nos ayude en situaciones de peligro, la ansiedad en periodos prolongados puede inducirnos a muchos padecimientos fisiológicos, y por ende a deteriorarse nuestra vida personal y laboral. Es por ese motivo la importancia de pedir ayuda. Porque una vez que la ansiedad pasa a la segunda fase vienen los cuadros de angustia, pensamientos repetitivos e intrusivos y el espantoso miedo que suele aparecer de la nada. Y si no recibimos tratamiento a tiempo pueden volverse incontrolables o aparecer nuevos, pero esta vez no solo mentales sino fisiológicos que en muchas veces se torna casi imposible de soportar, y por ende destruye nuestra vida en todos sus aspectos quitándonos toda nuestra felicidad.

Síntomas de la ansiedad generalizada

Sintomatología del tag:

- Taquicardias (moderadas a muy intensas pasando los 160 latidos por minuto).
- Sensación de falta de aire, dificultad para expandir los pulmones (disnea).
- Desrealización (sensación de percibir tu entorno como simple espejismo o irreal, como si no estuvieras en la realidad física, sino en un sueño. Es uno de los síntomas más terribles cuando se padece este trastorno.
- Sensación de que estás fuera de tu propio cuerpo conocido como despersonalización.
- Ataques de pánico de moderados a fuertes.
- Miedos insoportables sin haber un motivo aparente.
- Falta de concentración.
- Dificultad para conciliar el sueño: insomnios por semanas incluso meses.
- Angustia y zozobra, al extremo de arañarte e intentar matarte en casos extremos.
- Pensamientos intrusivos de culpa y angustia.
- Fuertes mareos y tensión. (dolor en la zona del cuello).
- Miedo a que vas a morir de un ataque cardiaco.
- Náuseas y vértigo.
- Cansancio todo el día.
- Colitis nerviosa y gases anormales cuando hay situaciones estresantes.
- Entumecimiento de zonas del cuerpo como la zona del cráneo, quijada, las piernas y los brazos.

- Frustraciones por no poder conseguir sueños debido a lo incapacitante que es padecerla.
- Baja autoestima y desánimo. Y un largo etc.

Principios a tener en cuenta de los que puede desencadenar una ansiedad generalizada.

Hasta ahora no existe un factor contundente que cause este trastorno, más bien existe una serie de elementos que tiene que ver directa o indirectamente, y estos van desde: los medioambientales, genéticos, experiencias de vida o situaciones traumáticas. Y aquí te enlisto las principales:

- **Genético heredado:** características físicas y biológicas heredadas por los progenitores, aunque no siempre son irrefutables, por lo regular están directa o indirectamente relacionadas con el **tag**. Aunque investigaciones recientes han demostrado que la mayoría son heredadas por la carga genética de la madre.

- **Factor ambiental:** son situaciones en las que solemos convivir nuestro día a día, por ejemplo, en entornos de trabajo donde vivimos humillaciones constantes o en la escuela, o el simple hecho de relacionarnos con personas negativas, frustraciones personales, relaciones infructuosas o malas situaciones económicas.

- **Situaciones traumáticas:** son todas esas situaciones que experimentamos a través de nuestra vida que nos han llevado a nuestros límites psicológicos y emocionales. Tales como haber sufrido una violación, un secuestro o simplemente haber estado en un accidente que puso en riesgo nuestra vida, o prácticamente tener a alguien enfermo en casa. Cuando una persona pasa largo tiempo en situaciones así, suelen desarrollar trastorno de ansiedad desde moderada hasta insoportable, y en muchas ocasiones muchos cometen suicidio. En personas menores de edad como niños es vital vigilarlos cuando presenten algún síntoma, debido a que les puede afectar demasiado incluso acompañarlos el resto de su vida. Por eso, siempre atento a lo que les sucede a tus hijos en la escuela porque el Bullying puede ocasionar ansiedad generalizada.

Una vez que tengas cierto conocimiento de lo que es la ansiedad y su principal sintomatología como los factores que suelen activarla, te dejo con el conjunto de técnicas más efectivas que en lo personal me ayudaron en gran medida cuando yo la viví en carne propia. Una vez analizadas las técnicas pasaré a contar mi experiencia de cómo logré vencer para siempre este monstruo en un espacio de tiempo corto con otro método aparte de las técnicas que ahora conocerás. Quiero puntualizar que la lista de técnicas que a continuación verás ya las probé personalmente, y puedo asegurar casi cien por ciento que dan resultados para controlar la ansiedad. Sin más que agregar te dejo con la guía definitiva de cómo controlar dicho trastorno y sus horribles síntomas.

Como última encomienda, cabe recalcar que este libro nunca alienta a no pedir ayuda con profesionales sino todo lo contrario insto a que pidan ayuda en centros especializados. Esta guía es un libro desde la visión de alguien que fue capaz de desterrarla de su vida con todo el método que menciono aquí. Pero cabe puntualizar, que tal vez un 15 % no lo podrá lograr, como en todos los métodos siempre hay un 15 % de margen que no suelen funcionar, pero estoy seguro que el 75 % se verá beneficiado de una u otra manera.

Técnicas para controlar la ansiedad

En esta sección conocerás las técnicas más efectivas que se emplean en diferentes partes del planeta para controlar la mayoría de los síntomas de la ansiedad generalizada. Empezamos.

Los ataques de pánico

Un ataque de pánico, es un ataque que da repentinamente y va siempre acompañado de un miedo incontrolable que le acompañan sensaciones fisiológicas desmedidas sin ningún motivo. Este síntoma de la ansiedad es uno de los más horribles y puede dejar prácticamente muy deprimido para el que lo sufre. Cuando estás experimentando un ataque de pánico, sientes que estás a punto de perder el control dependiendo la situación. Por ejemplo, si te dan de repente taquicardias aceleradas, sientes un miedo irreal a que estas a punto de sufrir un ataque cardiaco, y que sientes que morirás de repente por lo que entras en hiperventilación o muchas veces sales corriendo y gritando.

De acuerdo a los especialistas, los ataques de pánico no suelen presentarse en todas las personas por lo que de acuerdo a ellos la mayor parte de las personas tendrá solo uno en su vida, pero no más. Y en esta clase de personas que se le presentan los ataques de pánico desaparecerán una vez que la situación estresante desaparece. Pero a diferencia de estas personas el individuo que padece ansiedad sufre cuadros de ataques de pánico recurrentes y en muchos se convierte en trastorno de pánico ansioso. Es bueno señalar que un ataque de pánico no mata a nadie, pero sí conlleva un quebranto en la calidad de vida tanto en lo personal y laboral. Por suerte, existen métodos y técnicas para poder contrarrestarlo.

La sintomatología de un ataque de pánico por lo común suele siempre comenzar de una manera paulatina o repentina sin ningún aviso previo. Lo feo es que siempre se presentan cuando se está en tranquilidad o en momentos pacíficos. Como, por ejemplo, mirando un atardecer, mirando una buena película o simplemente descansando. Lo peor es que suelen ser reiterativos ya sea dos por semana o diariamente, dejando agotados a los que lo padecen y siendo incapaces a desempeñarse con normalidad en las actividades extracurriculares. La mejor forma para identificar un ataque es siguiendo estas características que se muestran a continuación.

- Un miedo de perder el control y ser capaz de cometer alguna locura desde suicidarse o matar a alguien, aunque eso son solo ideas infundadas.
- Taquicardias (pulsaciones aceleradas que oscilan por encima de los 120 latidos por minuto e inclusive en ocasiones llegando al pico de 170 latidos, creando el ambiente propicio para que se den las sensaciones de que estas a punto de sufrir un colapso cardiaco. Pero todo es producto del mismo miedo e hiperventilación, y es cuando se dan los característicos temblores y mareos producto del desequilibrio metabólico.
- Temblores musculares siendo en ciertas ocasiones incontrolables que pueden durar hasta 10 minutos y luego desaparecen. Esta sintomatología crea pánico en el círculo familiar cercano cuando no se tiene conocimiento del mismo. Porque ver temblar incontrolablemente a su ser querido no es algo que pase desapercibido.
- Escalofríos y sudoración acompañada de frío intenso o calor.
- Falta de aire, tener la sensación por momentos u horas de no poder expandir los pulmones libremente, como

si sintieras opresión en el pecho. Y este es uno de los síntomas del cual muchas personas salen corriendo cuando están en algún lugar cerrado.

- Vértigos, mareos.
- Náuseas.
- Malestar muscular general, especialmente en la zona de los hombros, pecho, espalda, vértebras.
- Dolor de cabeza intenso a moderado.
- Ganas de defecar.
- Urgencia o ganas de defecar en forma de chorrillo.
- Tener la sensación de que estás perdiendo la cordura y el ímpetu de salir corriendo por esa sensación sin importar el qué dirán.
- Sensación de calor en el pecho.
- Sensación de atragantamiento.

La sintomatología mencionada es en síntesis los principales elementos que acompañan un ataque de pánico una vez que has perdido el control de tus propias emociones.

Cabe indicar que una de las cosas que más terror dan cuando se sufre un ataque de pánico es el miedo a que se vuelvan repetitivos. Cuando uno se acostumbra a sufrir ves tras ves un ataque llega el momento en que sabemos que no nos matará y somos conscientes previo a, pero una vez que se manifiesta en nuestra mente cambia todo en esos precisos momentos uno siente morir es que todo se nubla, la lógica no obedece. Es que únicamente tú que has vivido estas horribles sensaciones sabes que es muy complicado afrontarlo únicamente con nuestra fuerza mental de decir no, no pasa nada.

4

De igual manera que la ansiedad, las principales causas que producen un cuadro de pánico, se deben en un alto porcentaje a la predisposición a padecerlo o quizás a una situación específica que lo provoque en tu subconsciente llegando los síntomas al consciente y de ahí todo lo que conlleva tener un ataque.... Afortunadamente existen muchas técnicas efectivas capaz de detener un ataque de pánico en su momento. A continuación, aprenderás algunas de las mejores técnicas que en lo personal me ayudaron increíblemente cuando sufrí este infierno. Luego de sufrir ansiedad por 10 años y haber probado cuantiosos métodos de curación, en mi opinión estas técnicas que aprenderás son las mejores que conozco en el mundo. Espero que las pongas en práctica y te ayuden.

La técnica de no respirar naturalmente en el ataque

Una vez que has caído en un ataque de pánico sabemos por experiencia que no se detendrá en 10 o 15 minutos si no hacemos nada, pero aplicando esta técnica la pararemos sí o sí... esta técnica es sencilla, consiste básicamente en soportar nuestra respiración todo lo posible... dicha técnica la aprendí en Kalsubai India cuando estaba en la búsqueda de formas que me ayudaran cuando hice un retiro de año sabático, y créanme la encontré. Una vez la aprendí luego de practicarla durante 7 días junto a mi maestro, el ataque de pánico se presentó justo en medio de una reunión de amigos en un restaurante italiano. ¿Y sabes qué? La ejecuté tal como la había aprendido y el resultado fue maravilloso, algo que nunca me había pasado anteriormente con tantos métodos... si se llegara a presentar que seguramente lo harán con toda la sintomatología o en parte de los que ya leíste en la parte de arriba, la primera acción que debes realizar sin importar los temblores musculares es: con ambas manos cubrir tu boca y tu nariz lo más fuerte que puedas... aunque sientas morir en ese instante sabes que es un ataque de pánico, y no morirás pese a los fuertes latidos de tu corazón o a la incertidumbre y angustia del miedo a morir de cualquier cosa. No debes destapar tu boca en 10, 20, 30, 40 segundos... aunque sientas que te falte aire no debes destapar tu boca, debes seguir soportando... quiero ser reiterativo, no debes quitar tus manos por lo menos en 45 segundos. Te lo aseguro que no te sucederá nada y tu ataque de pánico y temblores se esfumarán poco a poco. Si en dado caso los temblores siguen muy fuertes, da un respiro hondo y de nuevo cubre con tus manos tu boca y nariz por otros 30 segundos ... una vez pasados los 60 o 80 segundos de haber iniciado el feroz ataque de pánico comenzarás a sentir como los temblores en todo tu cuerpo especialmente en brazos iniciarán a disminuir gradualmente, y tu angustia y miedo comenzará a desaparecer. Eso se debe a la baja de oxígeno que inhalaste y por ende bajó en el sistema nervioso central. Por naturaleza, el sistema central manda impulsos eléctricos a todo el sistema nervioso muscular haciendo que comenzaran a relajarse en el momento y por lógica esa acción produjo una reacción fisiológica de paz y tranquilidad, y de nuevo retornando tu respiración y tranquilidad mental.

Dicha técnica es sencilla, afortunadamente funciona en la mayoría de las personas de 8 de cada 10, al menos ese es el porcentaje que se tiene en los centros de salud mental en los que se emplea. Una de las técnicas más eficaces que hay y que la mayoría desconoce. Recuerda entonces, debes practicarla antes y hacerla de una manera tranquila y consciente así. Si no estás acostumbrado debes intentar aguantar tu respiración primero 20 segundos e ir incrementando poco a poco hasta llegar a los 40 o

60 segundos. Inhalar y exhalar el aire despacio... conforme vayas aprendiendo será increíble la paz mental que te deja también el practicarla. Una semana bastará para controlar tu respiración y soportar quizás 60 segundos, pero lo óptimo son 40 para que sea efectivo. Créeme, esto yo lo apliqué en su momento y el ataque de pánico incluso en medio de reuniones sociales desaparecía.

Recuerda también llevar contigo siempre aroma de lavanda. Es una de las mejores conocidas en el mundo de la ciencia como un potente calmante de nuestro sistema nervioso central capaz de ayudar a bajar la ansiedad y los ataques de pánico. Por tanto, una vez que sientas que este iniciando el ataque de pánico debes inmediatamente untarte aceite de lavanda cerca de tu nariz y cuello, de esa manera comenzarás a relajarte hasta quedar totalmente calmado en unos minutos. También es muy recomendable consumir té de lavanda. Aunque, hay que mencionar que el especialista en los trastornos de pánico es el psiquiatra o psicólogo, y puedes acudir a ellos y serán de gran apoyo en el proceso de curación.

Técnica de la Risa loca

Consiste básicamente en comenzar a reír como si estuvieras loco sí es que te da en tu casa, si estás rodeado de personas trata de salir de ahí y hazlo en el baño. Tal vez te cueste asimilarlo cuando lo leas, pero leíste bien. Expertos en la terapia cognitiva y de salud mental en todo el planeta han iniciado a emplear la técnica iniciada por el psicoanalista Markus global que nombró RISA DESQUICIADA O LOCA como una técnica revolucionaria con impresionantes resultados en personas que padecen el trastorno de ataques de pánico. Cuando una persona comienza a sufrir el ataque de pánico, en un centro de salud mental se le pediría que no tema y que comience reír específicamente a carcajadas, tal cual como si estuviera loco. Y obviamente, le siguen las palabras de que no sucederá nada, que es simple un ataque de pánico... visiblemente son carcajadas actuadas, pero que en el interior de nuestra mente hace que nuestro sistema nervioso central se equivoque o al menos se confunda. Esta impresionante y sencilla técnica es más efectiva si la persona que lo sufre está con alguien de confianza que es la que le infundirá ánimos de que no pasará nada mientras ella ríe a carcajadas tratando de confundir su sistema nervioso y así disminuir y parar el ataque de pánico.

Los expertos en salud mental encontraron que cuando un individuo sufría un ataque de pánico y que inmediatamente comenzaba a carcajearse y solamente se centraba en ello, el ataque de pánico y toda su sintomatología desaparecía en cuestión de 2 a 3.5 minutos de haber iniciado. Y esto residía principalmente de que alejaba su atención en las sensaciones fisiológicas del problema, y como consecuencia su cerebro que controla el sistema nervioso disminuía progresivamente los impulsos eléctricos del sistema nervioso hacia el cuerpo disminuyendo increíblemente los malestares. Cabe mencionar que esta técnica revolucionaria aún permanece bajo la investigación, pero hay que señalar que en lo personal fue una de las mejores que empleé y me ayudaron increíblemente. Y que a otros miles ahora mismo está ayudando.

Aún viene a mi mente esos momentos cuando me venía un feroz ataque de pánico a mitad de la noche, y gracias a esta técnica lograba en un par de minutos controlarla y eliminarla.

Y era tan fácil, únicamente en medio de mi propio miedo comenzaba a carcajearme como loco, si, como loco, y me repetía frases de autoafirmación al subconsciente, 'que no podría vencerme yo era más fuerte...' que yo sería feliz pese a esos malestares seguido de muchas más frases positivas... aunque parezca absurdo y estúpido, impresionantemente desaparecía... por tanto cuando vuelva a visitarte un ataque de pánico no lo olvides, reír como loco, entre más fuerte mejor. Ríete y dile que lo quieres, que no es rival para vencerte. Créeme, entre más lo hagas cada día que tengas uno conforme pase el tiempo desaparecerá. Pero cabe señalar que primero debes aprender como carcajear, y esto por lógica se logra practicando... Trata de carcajearte en ese momento caótico donde el miedo se apodera de ti, como si estuviera pasando algo chistoso... sé que es muy fácil decirlo, pero yo lo padecí y en su momento es difícil llevarlo a la práctica, pero el primer paso es ese: hacerlo, y es un paso a tu victoria. Si aprendes a carcajearte fuerte y firme, te aseguro que no temerás de nuevo padecer un ataque de pánico. Es divertido como esta técnica a base de la confianza lo vence.

Técnica del chile habanero

Te parecerá increíble, y si, quizás no hayas escuchado esta técnica. Si bien se llama de diferentes maneras en la india no en todas utilizan el mismo picante, pero por excelencia es uno de los mejores. Esta técnica debo decirlo no es la solución definitiva como lo es arrancar de raíz la ansiedad, pero si ayuda y puedo decir que es uno de los más poderosos al momento, y es sencillo por que el picante hace que se liberen una gran cantidad de hormonas de la felicidad que hace que se interrumpa el estado alterado de la mente y el sistema nervioso, haciendo que vuelva a su estado natural. Así que esta técnica es súper sencilla de hacer... recuerdo que la utilicé en varias ocasiones cuando me daban ataques de pánico y era de mis favoritas por su efectividad. Cuando estaba sufriendo un ataque de pánico lleno de temblores incontrolables y miedos, masticaba un habanero verde e inmediatamente el poder picante del habanero hacía que comenzara a sudar y sentirme enchilado, y acto seguido me provocaba escupirlo. Lo ideal es mantenerlo masticando por 20 segundos. Es muy fuerte su sabor y casi imposible de resistir. Esto para el ataque de pánico en cuestión de minutos si o si, a diferencia de las técnicas de arriba, con el picor el único efecto secundario es soportar el picante en la boca. No debes tragarlo sino únicamente masticarlo por 20 o 30 segundos conteniendo su extremo picor, y luego enjuagarte con agua y soportar que se disipe su picor, pero en ese tiempo hará su efecto liberando nuestro cerebro grandes cantidades de hormonas que pronto harán que se te calme el ataque de pánico... algo que decir, es que si lo quieres emplear en la calle o cuando sientas que puedes tener una ataque pánico; mastícalo, pero lleva siempre contigo una buena botella de agua porque si bien podrá quitarte un ataque de pánico rápido si no llevas suficiente agua el picor es muy poderoso, y si no estás acostumbrado sentirás horrible...

Increíbles ejercicios contra la ansiedad

Sé que si padeces ansiedad lo más probable es que lo último que desees es llevar a cabo ejercicios. Sin embargo, déjame contarte que llevar a cabo actividad física es uno de los mejores, si leíste bien, de las mejores maneras de poder vencer a este demonio de la ansiedad generalizada. Realizar actividad física está avalado y comprobado científicamente de prevenir cientos de padecimientos crónicos degenerativos y conceder una sensación de bienestar y paz mental. Además de que te impide retroceder si ya has dado algunos escalones, te ayuda a que si vuelven sean con menos fuerza. Pero te preguntarás ¿es cierto? pues claro que sí, y a continuación sabrás el porqué.

- Mediante la liberación de distintas clases de hormonas, tales como las endógenas, endorfinas, serotoninas que producen un alto estado de bienestar en toda nuestra mente y cuerpo. Todas estas distintas hormonas al hacer ejercicio son liberadas en nuestro torrente sanguíneo produciendo efectos parecidos a las de algunas drogas. Es decir, sensaciones de bienestar, pero obviamente sin el daño que provocan las drogas.

- Cuando nos ejercitamos diariamente eliminamos de nuestra mente todas aquellas ansiedades y preocupaciones que se acumulan.

Pero sabiendo cuales son los beneficios en torno a los trastornos de ansiedad te preguntarás, ¿y cuánto tiempo es lo recomendable hacer ejercicio?

Tiempo recomendable

De acuerdo a un estudio reciente llevado a cabo en el instituto de investigaciones de Oxford llevó a cabo un experimento por 7 meses con más de 1000 participantes y descubrió que con 20 minutos al día de actividad física de calidad se podía disminuir impresionantemente gran parte de la sintomatología ansiosa. Tales como la angustia, ataques de pánico, insomnios que suelen presentarse en mayor medida durante la noche. Como dato adicional sugieren que por ningún motivo se debe llevar el ejercicio como una tarea obligatoria, sino todo lo contrario, se debe disfrutar como una más de nuestras actividades diarias como sería desayunar, bañarnos etc. Y si lo llevas a cabo con esa actitud será mucho más fácil poder salir y sobrellevar tal padecimiento tan molesto, y que te desarrollará fortaleza y autoconfianza, así mismo incrementará tu sistema pulmonar y cardíaco haciendo que los constantes ahogos y falta de aire por la ansiedad disminuyan o como en mi caso desapareciera gracias a la actividad física. Ahora ya sabes a grandes rasgos los beneficios del ejercicio ahora quizás te preguntes, pero ¿cualquier ejercicio es bueno o hay específicos? Pues cualquier actividad física es recomendable, pero de acuerdo a tres de los mejores institutos de salud de Canadá, Usa y Reino Unido como lo son el Youhealth, Manhardunite y el Sumbert, han coincidido que al menos el 92% de los individuos estudiados en pruebas controladas que llevaban a cabo el running o caminata de bajo impacto por al menos 30 a 40 minutos diarios disminuían impresionantemente casi el 90% de la sintomatología. En segundo lugar, estaba el deporte de andar en bicicleta de moderada que confería al menos el 75 por ciento de mejoría, y por tercer lugar el deporte de la natación igual con enormes resultados del 73 % y con una mejoría anímica notable. Cabe sugerir que independientemente que deporte escojas el individuo que padece trastorno de ansiedad generalizada debe elegir aquella actividad física que realmente le apasione y no llevarse por este estudio que, si bien es muy completo, si es forzado no obtendrá resultados... debido a que, si es forzado, aunque sea un ejercicio que libera las hormonas de la felicidad, al final el subconsciente lo tomará como una tarea aburrida y fastidiosa, y en vez de ayudarlo será lo contrario: frustración y malestares musculares.

Molestia muscular

La sobrecarga que produce el trastorno ansioso en nuestro sistema muscular es muy común, y por lo regular causa grandes molestias desde dolores, calambres, incomodidad, sensaciones de calor y frío y dolores agudos en nuestra zona de cuello y hombros, y que en la mayoría de los casos produce fuertes dolores de cabeza por semanas y baja energía acompañado de somnolencias. Una de las mejores prácticas para la prevención y la cura de estas molestias es practicar estiramientos todos los días que exclusivamente se derivan del yoga y que son los más usados por los especialistas particularmente para este tipo de condiciones. Debido a que oxigena todo nuestro sistema músculo esquelético en cuestión de minutos llevando bienestar inmediato en esa zona. Si quieres aprender basta con que navegues en la internet y busca técnicas para la relajación del cuerpo con yoga. Hay miles de videos sobre este punto que te tomará 10 minutos hacerlos al día. Debo añadir que algo que es realmente bueno y que ayudan en demasía son los masajes como complemento de cualquier tratamiento que lleves contra la ansiedad, debido a que ayudan a liberar toda aquella energía acumulada en zonas como las cervicales y hombros que cuando se desplaza con el masaje sientes inmediatamente relajación y bienestar inmediato. Basta con pedirle a un miembro de tu familia que de masajes en círculos en dirección y contra las manecillas de reloj en la zona de tu espalda alta y cuello. Igual puedes buscar en internet como masajear para ansiedad y el estrés y te saldrán cientos de videos con los cuales puedes aprender una nueva herramienta que te ayudará a poder vencer y controlar algunos síntomas del mismo.

Vencer el insomnio para poder dormir y no sufrir la sensación de que amanece

Tener insomnio es una de las cosas más horripilantes que puedes tener si eso le sumas el miedo a no poder dormir. El insomnio es básicamente no poder dormir, aunque uno esté cansado y quiera, no logra conciliar el sueño y solemos pasar dando vueltas en la cama con nuestro cerebro muy activo y eso es producto de la misma ansiedad y en muchos casos de tener miedo a no poder dormirnos y mirar el reloj y ver que pasan las horas y la luz del día llega ... es un temor que muchas personas tienen...

El insomnio lo sufren al menos un 67 % de todas aquellas personas que sufren ansiedad moderada o crónica, es este trastorno derivado junto a los ataques de pánico y angustia mental uno de los síntomas más espantosos para los que sufren este padecimiento. Independientemente cual sea la causa principal que lo genere, el 88% de los insomnios lo provoca directa e indirectamente el trastorno de ansiedad generalizada (tag). Por fortuna existen algunos eficaces métodos y técnicas que podemos emplear y terapias que podemos tomar para poder salir de este trastorno que en la mayoría se torna tan frustrante y debilitante provocando en al menos 7 de cada 100 personas suicidio. Por lo cual ahora que ya tienes una noción clara, ahora te mostraré que es lo que no tienes que hacer antes de tratar de dormir.

- Si padecemos este mal, siempre tenemos que irnos a dormir a una misma hora, si es a las 9 a las 9 siempre, debido a que así programamos el reloj interno que tenemos y si lo hacemos así se ajustará naturalmente y por ende segregará las hormonas vitales para que podamos conciliar el sueño. Así que siempre a la misma hora, lo recomendable es a las 8:30 máximo 10 no más.

- No consumir alimentos de más en la noche. Como recomendación puntual, es evitar a toda costa aquellas comidas y productos tales como: comidas azucaradas, pasteles dulces, comidas muy grasosas, comidas muy picantes, dulces, que por lo regular son muy difíciles digerir y por lógica más difícil será poder conciliar el sueño debido a que elevan y saturan nuestro funcionamiento digestivo nocturno y metabólico, haciendo que perdamos horas dando vueltas. ¡Así que ojo! no debes consumir estos alimentos pasadas las 7 de la tarde si padeces el problema.

- Ajustarnos un patrón mental al menos de 15 minutos antes de acostarnos, tales afirmaciones o pensamientos tienen que ser positivas, tales como escuchar tus 3 canciones favoritas las más relajantes que tengas para que estimules tus sentidos sensoriales o quizás, pueden ser alguna decena de imágenes hermosas de paisajes relajante que te ayudará a tu subconsciente a tomar esos impulsos visuales y mandar una respuesta positiva, o a través de las sensaciones puedes hacer meditación al menos 10 minutos antes de irte a dormir. Es uno de los mejores hábitos que puedes hacer.

- Trata de no dormir en el día por más de 25 minutos para que el sueño no se te escape de noche y te entre más ansiedad.

- Deja tu celular en otra zona de tu casa no lo lleves a tu habitación o si lo llevas ¡apágalo! además nunca uses tu celular una hora antes de irte a dormir.

- Trata de mantener tu habitación libre de molestos ruidos, para ello cubre lo más posible de ruidos, ventanas, puertas etc. Además de mantener en oscuridad total tu habitación que es fundamental para que tu hipotálamo comience a liberar las hormonas del sueño y comiences a percibir esas sensaciones previo a dormir.

- Fundamental, no olvides tomar sol al menos 30 minutos al día ya que es muy importante para lograr una calidad óptima de sueño reparador.
- No consumas dos horas antes dulces porque evitan que puedas dormir.

Una vez comiences a cambiar de hábitos a buenos hábitos es momento de iniciar de lleno con la técnica que más me ayudó en esos oscuros momentos que no conseguía dormir, y lloraba por no poder dormir. Esta técnica se le conoce de diferentes nombres en los distintos centros de salud alrededor del planeta, pero en esta guía la nombraremos relajación post-sueño.

✓ 35 minutos antes de irte a dormir, debes dirigirte solo a tu habitación. No olvides que tienes que tener previo a eso una silla o sillón cómodo frente a una fotografía o cuadro relajante, pero ¡ojo! no debe ser del celular o computadora, debes imprimir al menos 3 fotografías a color y ponerlas en tu cuarto frente a ti. Este paisaje debe ser algo realmente hermoso, recomiendo paisajes armoniosos que infundan paz. Puedes sujetarlo a la pared con pegamento o cinta para que puedas observar el paisaje con comodidad.

✓ Una vez que estés cómodo y sentado con la postura correcta de espalda recta frente a tu paisaje, en ese instante tienes que imaginarte haciéndote una imagen mental tuya dentro del paisaje, imaginando que existes dentro de ese mundo frente a ti y en el tienes paz mental, al tiempo que disfrutas un paseo por ese maravilloso lugar sea mar, una tarde preciosa o un paseo por el bosque... sientes que respiras la frescura del aire y da en tu rostro haciéndote sentir más sereno, mientras a tu alrededor el cantar de toda clase de pájaros se escuchan y adornan todo aquel ambiente paradisíaco en el cual tú estás andando feliz... En este punto debes tratar con tu imaginación crear todas las gamas de sensaciones fisiológicas como si lo pudieras sentir en real. En este punto, mientras miras el maravilloso paisaje en calma frente a ti...

Una vez ejecutado este ejercicio mental por al menos 20 minutos debes cerrar tus ojos e inhalar lo más hondo posible que te permitan tus pulmones, y una vez hecho, manteniendo tus ojos cerrados tendrás que recrear el mismo paisaje que acabas de llevar a cabo, pero sin ver el cuadro. Esta vez todo será en tu mente... algo que mencionar es que nunca debes de dejar de respirar lo más pausadamente posible sin forzarla, pero fluida.

Una vez llevada a cabo toda la escena en tu mente, debes decirte a ti mismo con voz firme y con confianza decidida: "esta noche dormiré tan tranquilo, lleno de paz luego de haber caminado por ese pacifico paisaje que me dio una tranquilidad en mi alma: "dormiré tranquilo, rápido y sin miedos porque soy feliz…". Algo muy importante es que no debes olvidar repetirlo por al menos 10 minutos, si lo haces diariamente este mensaje positivo automáticamente dibujará un patrón mental en tu subconsciente y de alguna forma obedecerá reprogramando un nuevo patrón y eliminando el viejo que tenías, y producía todo cuando ibas a dormir y no lo lograbas eso que cuando querías dormir no podías, porque tu mente estaba activa e inquieta con pensamientos desbordantes. Esta sencilla técnica, pero poderosa comienza a dar resultados en las primeras 10 sesiones, es decir, si lo haces diariamente al cabo de 10 a 15 días comenzarás a ver resultados increíbles en cómo tu ansiedad disminuye…

Una vez terminado de decirte a ti mismo: "esta noche dormiré como nunca en mi vida lleno de paz y tranquilidad, lo que sigue es adentrarte en un estado de relajación profunda con la siguiente técnica que se llama respiración cortada en lapsos, consiste básicamente en cortar tu respiración por 13 segundos y luego respirar por 13 segundos… y esto lo harás en un lapso de al menos 2,5 minutos… esta técnica hace que tu sistema nervioso mande señales directas a la tu glándula pineal causando que produzca y segregue el conjunto de hormonas para poder entrar en las fases previas a conciliar el sueño profundo. Cuando hayas realizado exactamente como lo plasmo aquí, tienes que ir a tu lecho con tu mente en blanco es decir no tienes que dar cabida a los pensamientos esos negativos que antes tenías de que no ibas a poder dormir. Debes de rechazar toda esa clase de pensamientos, y únicamente cerrar tus ojos y pensar en descansar nada más... estoy totalmente convencido de que si lo llevas a cabo tal cual lo expongo aquí darás un paso vital en tu calidad de vida hacia la sanación de tu trastorno.

Las infusiones más eficaces para combatir el insomnio provocado por ansiedad

Té de lavanda: Es considerada como una de las plantas más eficaces y poderosas para reducir la ansiedad. Y es muy utilizada para ayudar a conciliar el sueño en trastornos de insomnio. Esta demás decir que contienen numerosas propiedades para inducir el sueño además de ser un poderoso regular del mismo. La dosis más precisa es una infusión 50 minutos antes de ir a dormir, se recomienda consumirla al menos 5 veces por semana.

Té de valeriana: especialmente se emplea para reducir y calmar los nervios de la ansiedad. La dosis recomendada es 2 infusiones 45 minutos previo a ir a la cama.

Té de pasiflora: es una de las hierbas más empleadas de apoyo para el tratamiento de los síntomas del insomnio, la dosis recomendada son 2 infusiones 1 hora antes de ir a la cama.

Te de tila: esta maravillosa planta es uno de los mejores tés para conciliar el sueño gracias a su poderosísimo efecto sedante, por lo que sus propiedades son muy empleadas para calmar los cuadros de ansiedad y estrés crónicas, además de ayudar en gran medida a poder conciliar el sueño rápidamente después de una hora de haberlo consumido. Gracias a que actúa principalmente a nivel de nuestro sistema nervioso central. Así mismo sus propiedades antiespasmódicas ayudan para calmar los dolores tales como estomacales menstruales cólicos. La dosis recomendada son dos bolsitas en una infusión con 200 ml de agua. Poner a hervir y listo para ser consumida. El tiempo es una hora antes de ir a dormir.

Té Rooibos: es considerada la mejor infusión para el insomnio naturalmente. Es un combinado que actúa exclusivamente en nuestro sistema nervioso periférico y central ayudándolo a equilibrarlo, por tanto, ayuda a regular el reloj biológico y a conciliar el sueño de inmediato. La infusión recomendada: dos bolsitas 45 minutos antes de ir a dormir.

Té de manzanilla: los remedios caseros siempre han sido y serán una de las mejores opciones que tenemos a nuestro alcance para calmar alguna que otra afección que nos atañe, especialmente para los insomnios y ansiedad; la manzanilla. Esta hierba gracias a sus potentes elementos es una de las favoritas y más usadas para la ansiedad. Desde antes que se estudiara en laboratorio y aprobara esta planta ya era considerada con una hierba con propiedades calmantes desde su olor suave y delicioso que naturalmente emite una cierta tranquilidad y ayuda a traer calma.

Sus poderosos antioxidantes hacen que se produzca la somnolencia, es ahí porque es tan recomendada. Si la utilizamos junto a los ejercicios que ya mencioné hará maravillas por ti. La manera más recomendable es en infusión y lo bueno podemos encontrarla casi en cualquier supermercado del planeta. También es recomendable productos de aromaterapia que incluyan manzanilla debido a su aroma infunde paz y por ende baja la ansiedad.

Aparte de ayudarnos a mantenernos relajados la manzanilla es un poderoso aliado para los dolores y malestares estomacales así mismo para la buena digestión, además de ser un poderoso desinflamante en periodos menstruales. Además de ser un regulador natural del sueño.

No existe una dosis específica para todas las personas, pero lo más recomendado sería dos bolsitas de manzanilla en una infusión de taza grande una hora antes de ir a dormir. Lo recomendable es una taza de té diariamente por lapsos de descanso de sábado y domingo.

Té de Ashwagandha: es una de las infusiones milenarias hindús tomadas exclusivamente para calmar el estrés y la ansiedad sumado a sus propiedades relajantes para inducir el sueño. Una infusión 45 minutos antes de ir a dormir es la dosis recomendada.

Cabe señalar que puedes hacer combinaciones sin exceder las tres bolsitas un día de descanso por dos, ¡ojo! siempre que estés sano y no dispongas de algún padecimiento cardiovascular, renal o hepático.

Pasionaria: es una de las mejores infusiones porque actúa exclusivamente en nuestro sistema nervioso y tiene propiedades analgésicas sedantes. La dosis es dos bolsitas en 250 ml de agua una hora antes de ir a dormir.

Té de lúpulo: es ideal para poder dormir rápidamente. Aunque, no sea tan conocida esta maravillosa planta se encuentra en algunas zonas de Europa del este y presenta un sabor amargo, pero de delicioso sabor. Tiene efectos sedantes sobre nuestro sistema nervioso, y calma rápidamente la sintomatología ansiosa, estrés y muscular. La dosis recomendada son dos bolsitas en 300 mililitros de agua una hora antes de ir a dormir.

1

Yo pude sanarme completamente de este trastorno... estoy 100% seguro que tu siendo como yo puedes hacer lo mismo: salir de ese infierno que quizás te ha atormentado por años. Estoy seguro que no estás leyendo esta guía por hobby sino por que deseas realmente estar en paz. Esta guía me propuse realizarla hace un par de años atrás para plasmar mi experiencia y enseñar algunas cosas que a mí me ayudaron a salir, porque deseo de todo corazón que muchas personas que ahora mismo están sufriendo salgan adelante. Y no estén perdiendo años de su vida recluidos en casa o con ese temor de no poder dormir o de estar angustiados. Sé cómo es vivirla cada día y también en mi experiencia sé cómo eliminarla, porque aparte de yo cientos de personas lo han hecho de la misma manera que yo. El ser consciente de que como alguna vez la padecí sé que ahora millones de personas están en el abismo sufriendo este trastorno, y por eso quiero que hagan cada cosa que expongo en esta guía.

Luego de mi sanación con algunas eficaces técnicas mentales y luego de haberlo pensado algunas semanas me decidí a contarle a mi familia que iba hacer un pequeño libro sobre mi experiencia tal cual como logré primero controlar la ansiedad para luego eliminarla. En principio mucha de mi familia se sorprendió de como yo un comandante de fuerzas especiales había padecido este angustioso padecimiento, y que solo piensan que lo pueden tener personas de carácter débil, pero eso está muy alejado de la realidad.

Lo hice no por motivos económicos, ya que sinceramente no lo necesito. Lo escribí con el propósito de ayudar realmente a todas esas personas que en verdad sufren y lloran este maldito padecimiento, como siempre un gatito disfrazado de un monstruo inofensivo, pero a la vez que destruye poco a poco tu vida. Cabe señalar que con las técnicas previamente mencionadas y la meditación guiada puedes sanar naturalmente de tu ansiedad en cuestión de meses, y superarla estoy seguro para siempre.

Todo lo que se deriva de la ansiedad generalizada y los ataques de pánico no son más que un grito de auxilio de nuestra propia mente subconsciente. Para ser más claro, está alzando la voz para que tu hagas un cambio en tu vida, en tus conductas y hábitos, y de nuevo retomes el equilibrio antes de que algo lo desequilibrara. Algo que me gusta siempre recalcar es que si quieres como primera medida es que solicites ayuda profesional y especializada, este libro en ningún momento alienta a que no pidas ayuda, al contrario.

Tienes que tener muy claro que no estás volviéndote loco si sufres de constantes ataques de pánico o toda la sintomatología del tag. El que un especialista de salud te haya diagnosticado con el trastorno, de ninguna manera se reduce como que pasarás el resto de tu vida con ella, sino todo lo contrario debes tener esa motivación y hacer las técnicas que más adelante veremos. Entiendo que puede ser algo fastidioso y angustioso esos momentos de desrealización o despersonalización o la angustia nocturna, pero déjame tranquilizarte de que, aunque tu mente piense que vas a morir no te pasará nada, pronto pasará, ten fe; pasarán. Una noche que no duermas no te matará ni un ataque de pánico. Adéntrate a continuación a las técnicas que es el último paso hacia tu paz interior.

Mi historia de cómo logré vencerlo - sentí el mismo dolor que tú

La ansiedad es un estado alterado de nuestra conciencia que nos arropa de angustia y miedo por lo que nos impide vivir con paz y nos quita la felicidad, y lo peor es que te quita años por no decir a veces toda una vida. He conocido personas que toda su vida estuvieron sumidas en este infierno y nunca fueron felices. Como decía Mark Phus un psicoanalista: "si nunca te atreves a dar ese paso para salir de la ansiedad únicamente viniste a este mundo a sentir malas experiencias y no vivir realmente la vida que es". De la misma manera que en estos momentos estás sollozando por tu padecimiento; yo estuve así antes de poder encontrar la solución. Por eso te reitero: hay una esperanza. No pierdas la fe.

Ya han transcurrido algunos ayeres de haber estado en el abismo, y al día de hoy puedo decir orgullosamente que sí, aun siendo un militar de élite tuve ansiedad y lloraba por las noches del miedo... Yo lo digo con total aceptación no como aquellas personas que no quieren dar ese paso de aceptarla por el temor a las opiniones de familiares o amigos y ser tachados de débiles. Pero recuerda, que es tu vida, es tu felicidad la que está en juego.

Y si, quizás en su momento no la acepté del todo debido a mi cargo militar y que se me juzgara de miedoso o débil. Además, mi puesto corría riesgo. Padecí toda la sintomatología de la ansiedad hasta los ataques de pánico. Tales como pensamientos negativos desbordantes, entumecimiento de brazos, piernas y la mitad de la cara, noches sin poder conciliar el sueño, temores sin fundamento, una angustia mental de pecado que hacía pensar en el suicidio porque la culpa era estratosféricas, pensamientos de blasfemia, vacío existencial, frustración, miedo a que familiares cercanos murieran, pensamientos futuristas catastrofistas, sensación de irrealidad, sentir que mi cuerpo salía de mí: despersonalización, miedo a morir de un ataque cardiaco por las taquicardias, etc.

Quizás estés leyendo esta guía porque desees ayudar a alguien cercano a ti, o simplemente tú has dado ese paso para salir por fin de tu infierno y volver a ser feliz, y eso es algo que merece una sincera felicitación.

La ansiedad generalizada lo que hace es arrancarte tu felicidad y esclavizarte a lo que dicte sus miedos o sus fobias.... Tal vez, apenas inicias o lleves unos años y no quieres llegar a esos extremos o continuar sufriendo, en otras palabras, más fácil de entender; quieres sanar ya. Por fortuna, es algo posible tal cual yo lo llevé a cabo hace unos años atrás. Quizás te preguntes ¿y por qué lo digo con tal seguridad? Porque yo padecí una de las ansiedades más brutales que cualquiera puede tener y salí victorioso después de unos meses de llevar el método en conjunto que explico aquí, y ahora soy alguien lleno de paz y felicidad, sin insomnios ni ataques de pánico. Quizás sea algo reiterativo, pero debes llevar a cabo exactamente lo que menciono aquí, aunque creas que sean tonterías, porque si lo haces con fe: sanarás. Ahora comenzaré desde el inicio:

Mi infierno comenzó un 22 de diciembre de 2000 durante unas vacaciones en Suiza. Antes de ir a Europa había estado en algunas partes del mundo llevando a cabo entrenamientos elite de fuerzas especiales por lo que había tenido un año lleno de retos algo lindo en mi vida laboral... hasta que en ese hotel de lujo en el que estuve alojado y disfrutando de mi descanso llegó ella un día, sí. La maldita ansiedad.

Es muy conocido por los profesionales de la salud mental que un ataque de pánico suele presentarse cuando un individuo está siendo más feliz. Y puedo constatar que a mí me pasó de la misma manera. Como en principio venía contando, estaba en Ginebra Suiza después de un día precioso de haber disfrutado partes emblemáticas y turísticas de la ciudad. Ya adentrada la noche cuando me disponía a descansar porque pensaba seguir explorando la ciudad sucedió de un segundo a otro; una pequeña voz en mi interior se activó y me llamó Simmons, en ese instante lo primero que creí es que me había caído mal la comida y estaba alucinando, pero debido a que estaba sumamente agotado y con sueño pensé que todo se trataba de mi imaginación por lo que lo ignoré y me quedé completamente dormido. A eso de las 2 de la madrugada me desperté y me levanté de la cama de un sobresalto lleno de pavor. Aún recuerdo cuando abrí mis ojos en medio de la oscuridad sumándole a que me dolía mi pecho era como una opresión y falta de aire... un miedo me invadió y no sabía qué era, no había ninguna lógica en ese instante me sentía tan confundido y desesperado que de nada sirvieron mis incontables entrenamientos militares. Por un instante pensé que iba a morir ahí en esa habitación. Aquello era algo nuevo para mí.

Pero ahí no terminó todo, la peor parte vendría luego. Una sensación de miedo brutal se apoderó de mi mente y por momentos creía que me estaba volviendo loco, temía que si fuera cierto hiciera una locura y me aventara del noveno piso donde estaba. En ese instante comencé a llorar y gritar, y me encerré en el baño. En ese momento del miedo se me aflojaron mis intestinos y me dio diarrea al tiempo que vomitaba del miedo.

Dentro de la ducha duré casi toda la noche en posición fetal cubierto de toallas. Hubo momentos en que la angustia en mi mente era brutal por no decir insoportable. Que en un momento me cruzó por mi mente ahogarme en la bañera, me arañaba y no pasaba la sensación. Ya al final de la madrugada me di cuenta que mi propia mente tenía miedo de sí misma, aquello era algo totalmente desconocido para mí.

Yo un condecorado comandante de fuerzas especiales elite en el mundo que había llevado incontables misiones alrededor del planeta y había vivido situaciones fuertes, estaba ahí llorando dentro de una habitación, incapaz de controlar un simple miedo sin fundamento sin aparente causa de la propia mente y que me tenía atrincherado temblando de miedo, y era la ansiedad, ese gatito disfrazado de monstruo.

A día siguiente cuando abrí mis ojos luego de haber dormido un par de horas caminé hacia los ventanales de aquella lujosa habitación. Todavía seguía temblando, pero era casi imperceptible producto de todo el estrés y el miedo que había pasado horas antes. Aun me sentía con la cabeza medio confundida como si no estuviera en la realidad. Miraba las cosas sin su color como grises, me sentía rarísimo, es algo únicamente que tú que la has vivido comprendes. Un par de minutos despierto decidí volver a dormir rezando que esa sensación desapareciera una vez descansado totalmente, y que todo hubiese sido producto de la comida que había ingerido.

Ya de mañana no quise comentarle nada a mi compañero que fue conmigo sobre esa desconocida experiencia que había tenido por miedo a que me etiquetara de una manera despectiva de marica o puto como suele llamarse en mi mundo a lo débiles. Los niveles de la milicia a los que pertenecía aquello que yo padecí no era muy tolerable, y por lógica no permitido. Porque imaginen un comandante dando ese ejemplo, sería destituido inmediatamente. Los días pasaron y los seguí disfrutando en Suiza Ginebra, pero de igual manera cada noche siguieron apareciendo en mayor o menor medida series de síntomas del mismo trastorno a veces más fuerte otras veces distintas. Provocándome en cierto punto un trauma y miedo en mi espíritu que provocaron que me debilitara, y por lógica no pude disfrutar como yo quería mi descanso.

Ya en casa la sintomatología aumentó, y no pararon de repetirse aquellas escenas que inmediatamente sobrepasaron mi fortaleza mental por lo que no tuve más opción que ir a pedir ayuda particular. Llegué lleno de todo tipo de miedos sin fundamento y paranoico a aquel consultorio de aquel especialista. El doctor me recetó algunas pastillas que debo agradecer porque nuevamente gracias a ellas pude dormir y la ansiedad se fue como había llegado. Por ende, con un poco más de seguridad en mi pasé algunos días muy bien y después dejé las pastillas porque me estaba haciendo codependiente, un adicto. Pero lamentablemente una vez que las dejé apareció el monstruo nuevamente como si de magia se tratase, pero esta vez ya no era el gatito; era un monstruo y desataba toda la sintomatología que pudieses imaginar. Pero yo de alguna manera seguía de testarudo y trababa de minimizarla con: "Simmons no tienes nada, lo tuyo no es de medicación lo tuyo es tu mente, no te pasará nada". - me repetía una y otra vez, pero lo decía lleno de miedo.

Acorde a mi comprensión de mi salud mental creía que se trataba de fantasías de mi mente o producto del estrés y que no me harían ningún daño pese a lo angustiosas y horrendas que eran. Por lo que decidí no seguir el tratamiento del médico de salud mental. Por lo que me resigné conscientemente que sufriría insomnios, ataques de pánico, diarreas, miedos, náuseas y desesperación que hacía que me arañara mi piel y me mordiera por las noches de la angustia obscena.

Ahora que veo al pasado me doy cuenta que fue un error el haber dejado el tratamiento en ese momento debido a que para eso está la medicación profesional que de alguna manera te ayuda a sobrellevar los terribles síntomas, aunque si bien cabe aclarar no son la solución.

A grandes rasgos todo lo que he relatado transcribe en síntesis lo que viví y lo que tú ahora en tu experiencia vives. Ahora tu vida es un infierno lo sé, y por eso te reitero 100% seguro sea cual sea el tipo de ansiedad y sintomatología derivado del mismo que tengas, puedes sanarte. Por tanto, si estás acudiendo a un profesional de la salud, por favor no lo dejes, puedes proseguir con él y los consejos que expongo en este libro como apoyo.

Tengo que ser reiterativo en esto y no quiero que creas que el autor que escribo esta guía está muy alejado de todo lo que estás viviendo. Yo viví y conozco cada síntoma de la ansiedad que tú sientes y muchos que quizás no has sentido, pero que en cierto punto a través de los años aparecen y aparecen. Por tal razón, mi deseo es que sigas al pie de la letra mis indicaciones que expongo aquí del como yo lo logré. Y en parte fue gracias al poder del método de la imaginación-objetiva positiva. Aunque debo ser sincero en esto, no hay un método o tratamiento mágico que pueda curar la ansiedad de la noche a la mañana, por lo que, si haces todo el conjunto de consejos expuestos en este libro, tal vez les sirva a un 78 % de personas que sufren trastorno de ansiedad generalizada, pero como siempre he dicho, si en algo te ayuda; mi objetivo ya está realizado.

El poder de nuestro subconsciente

Comencemos con nuestra subconsciente. Como dice uno de los psicoanalistas más prestigiosos del planeta como lo es Frander Mrtle, que dice que nuestro cerebro está regido por dos poderosas partes la que gobierna nuestro yo interno. En palabras más sencillas, la mente consciente y la segunda sería nuestra mente inconsciente que no es más aquella zona invisible que siempre está activa durmamos o no y que es la que está pendiente de todo nuestro proceso fisiológico. Por citar un ejemplo, cuando estamos dormidos es esa parte inconsciente la que se encarga de mantener latiendo nuestro corazón o en funcionamiento todos nuestros órganos, así mismo de todos los procesos que ocurren cada segundo en nuestro cuerpo. Pero su poder no acaba ahí, según neurólogos y especialistas en el cerebro humano nuestra mente consciente tiene la capacidad de generar 44 bits por segundo, pero a diferencia de eso nuestra poderosa mente subconsciente es capaz de generar millones de esos bits por segundo, por lo que si analizas es muy poderosa. Y acorde a algunos experimentos llevados a cabo nuestra mente humana es capaz de general al día casi los 75 mil pensamientos que en su mayoría no nos damos cuenta, ¿y sabes quién es el procesa todos ellos? Si, nuestra maravillosa mente subconsciente. Porque imagina si lo hiciera nuestra mente consciente, es decir el yo interno, nos volveríamos literalmente locos.

Hasta este punto únicamente he mostrado datos, pero tómate un segundo en reflexionar en lo maravilloso que somos por contar con esa parte invisible que se llama consciente y te preguntarás ¿por qué?, te lo explico sencillo. Como leíste en la parte de arriba nuestra mente consciente únicamente puede hacer 44 bits por segundo mientras que nuestra mente subconsciente hace millones miles incluso millones de procesos biológicos por segundo, pero lo increíble de esto que es la que mantiene y lleva el control de elección y decisión es nuestra mente consciente, en palabras sencillas tú. De la misma manera que la luna no nos pide permiso para posarse cada noche eso sucede con nuestro inconsciente, introducimos pensamientos de toda clase y muchas veces negativas sin darnos cuenta. Lamentablemente nuestro subconsciente no es libre, el solo se dispone a obedecer lo que le ordena el consciente. Sea consciente e inconscientemente. Y todas ellas las intenta hacer tal cual. Todas esas órdenes que menciona del consciente al subconsciente es lo que al final da forma a toda nuestra realidad. Y de la misma manera que te lo expondré te lo darían en cualquier de los mejores centros de salud mental del planeta como terapia, porque en su mayoría emplean los mismo métodos y técnicas, pero a veces con diferentes nombres porque saben muy bien que ahí reside para poder vencer definitivamente el trastorno de ansiedad generalizada.

Por tanto, cabe señalar que si cambiáramos ese cúmulo de pensamientos negativos en positivos y los comenzamos a mandar a nuestro subconsciente podríamos en poco tiempo reprogramar muchos procesos mentales perjudiciales para nuestra mente, tales como vicios malos, hábitos perjudiciales y pensamientos negativos etc. Por fortuna, nuestra mente subconsciente es capaz de ser reprogramada todas las veces que deseemos, por lo cual no debería preocuparte demasiado tu futuro con ansiedad, porque podrás sanar.

Tal vez, ahora mismo te suene algo tonto, pero tu ansiedad es casi en totalidad producto de una mente subconsciente mal encaminada. Y tal como tú lo haces ahora yo lo hacía, vivía sumido en miedos que incluso en las noches me arrancaba los pelos de la angustia por no poder dormir, y solía perder el control gritando como loco. Lo que quiero hacerte entender es que no eres el único; hay millones de personas sufriendo lo mismo que tú, pero muchas lo intentan y pueden controlarla o eliminarla a diferencia de aquellos que temen o creen que no tiene cura. Quiero que entiendas que yo estuve en esa misma situación que tú y lo logré. Si, puntualizo, no fue nada fácil, pero tampoco imposible. Me llevó al menos 4 meses controlarla y al cabo de un año ya era parte de mi pasado.

Quizás te haya parecido algo tedioso y aburrido mis explicaciones, pero créeme, era importante que supieras a grandes rasgos cómo funcionan nuestras dos partes de nuestro yo y como el método de la meditación es tan poderoso en ambas partes: la subconsciente y la consciente para sanar rápidamente. Como un dato adicional, está comprobado clínicamente que todo cuanto pensamos en nuestro consciente se traslada de manera automática a nuestro subconsciente y esta última lo traduce como si fuera algo real, y por eso suele siempre mandar reaccione fisiológicas, haciendo poco a poco muchos estragos en nuestro cuerpo como nervios o ansiedades.

Por eso si diriges indirecta o directamente pensamientos nocivos de odio, rencor, envidia, estrés etc. tu subconsciente los tomará y quizás meses u años después comenzarán en algún punto ansiedades, fobias y una vida desequilibrada.

El poder de las afirmaciones

Antes de mostrar la técnica debo decir que yo era totalmente incrédulo a este método que algunos llaman afirmaciones, pero fue poco rápidamente dejé de serlo una vez de sentir los grandes resultados... igual me adentré mucho a investigar temas similares y me di cuenta de un patrón en la mayoría de las guías que se referían a al método siempre lo hacían con ideas similares, pero mencionando los nombres de diferente manera.

Ahora iniciemos qué es lo que te interesa. Tal vez, conoces la legendaria ley de la atracción, muy famosa y con resultados asombrosos. Te cuestionarás como funciona, pues sencillo; lo hace con todo el poder de tus sentidos, sensaciones y pensamientos. El problema de esta ley es que por lo común siempre logramos atraer cosas negativas de nuestro alrededor ya sean malas conductas o pensamientos nocivas aprendidas. En palabras entendibles, todo lo que ocurre en tu vida no llegó de un día a otro si no que tú con su subconsciente lo atrajiste y luego llegaron los malos hábitos, malas prácticas provocados directamente o indirectamente por tus pensamientos. Todo pasa por nuestra mente controladora que es el consciente para luego programar al subconsciente que es como nuestro regulador fisiológico de todo nuestro yo. Quiero señalar que esto no es filosofía barata ni de cuento, esto está ya comprobado científicamente desde hace más de una década.

Cierro mis ojos y me veo en el pasado, antes de que iniciara mi ansiedad generalizada, y me puedo ver con toda clase de malos hábitos pese a mi disciplina militar, pensamientos nocivos envidia, toxicidad en todo sentido era una mierda con las demás personas, celos, y un largo etc. Y todas esas en conjunto estuvieron con el tiempo creando directa e indirectamente patrones mentales en mi inconsciente hasta que en un punto explotó el equilibrio y llegó el monstruo de la ansiedad. Y eso pasa en todos los que sufren este trastorno, muchas veces no nos analizamos y creemos que nuestra vida es normal, y que somos buenas personas o que estamos haciendo las cosas bien. Pero es bueno analizarnos incluso cuando somos jóvenes y al parecer no tenemos grandes problemas. Pues inclusive los adolescentes suelen presentar ansiedades debido a muchas cosas entre ellas el bullying o la baja autoestima.

Las leyes que gobiernan el universo no comprenden de lo bueno ni lo malo moralmente, sino que todo se rige con una ley de causa y efecto, y lo comprendí, que eso era mi problema; mis malos pensamientos de todo tipo estaban de alguna manera creando frustraciones en mí: mal carácter, trastornos y desequilibrio mental que llegó a un punto que no pudo sostener mi mente y lo liberó causando mi padecimiento. Una vez que entendí todo sobre la poderosa ley de la atracción no me detuve y cambie toda la gama de pensamientos nocivos que habían entrado a mi mente exclamando durante el día frases únicamente positivas cuando digo todo el día eran las doce horas. Y eso lo hice cada día recordarme únicamente decir y tratar de hacer toda acción con la mejor actitud para deshacerme de todos aquellos malos patrones mentales que de alguna manera tenían relación directa con mi ansiedad y pensamientos que hacen malos hábitos.

En el libro de Udany Vaeru nueva consciencia para calmar la ansiedad podrás descubrir ejemplos hermosos sobre este método de la atracción que podrás emplear. Por citar un ejemplo, podrías decir: "angustia te haré mi amigo porque ya te has ido de mi vida, igual tus ataques de pánico que me has hecho bastante daño, hoy soy feliz soy muy feliz pese a que sienta aun en mi cuerpo sensaciones, sé que pronto no las sentirá así que disfrutaré... me quiero con todo mi corazón, hoy dejo de fumar, hoy dejaré de ser infiel de andar en bares con mujeres, estoy sano mentalmente y físicamente porque soy parte del universo... todos estos tipos de afirmaciones positivas tienen un poder directo en nuestro inconsciente haciendo que se reprograme inmediatamente. Sin embargo, nunca de los nunca debes de mencionar en el proceso de las afirmaciones cosas negativas o pensamientos o acciones como: me siento terrible, soy una basura, no tengo dinero, estoy harto de no poder lograr nada, mi vida es una basura, estos pensamientos me dan miedo, etc. ni siquiera deben pasar por tu mente porque si lo haces de nuevo estarás dándole la bienvenida o permitiendo que bloqueen lo que lleves mejorando con los ejercicios, y no mejorarás. Así que no lo hagas, no pienses en cosas negativas ni lleves acciones de la misma porque estarás dándole al trastorno la bienvenida que es la única forma de que nuestra mente subconsciente posee para liberar toda la tensión emocional acumulada y que se manifiesta en nuestro organismo físico.

Por tanto, inicié el proceso nuevamente de reprogramación como mencioné. Y cada mañana al despertar lo primero que hacía era decirme en voz alta oraciones positivas y poderosas que me dieran e hicieran dentro de mi paz y calma. Algo fundamental que hay que mencionar, es que no debes repetirlas como robot una vez establecidas las afirmaciones que tú te dirás, sino debes de hacerlo con fe y con todas tus fuerzas de que en verdad esas oraciones o frases poderosas que te digas pueden realmente hacer un cambio en tu estado mental, y que son efectivas para reprogramar a tu inconsciente. Si no estás tan seguro que decirte, debes hacer al menos una lista de 10 afirmaciones poderosas que puedas llevar la primera semana y repetirlas cada mañana y cada noche... al menos puedes hacerlo un mes, pero ¡ojo! debes cambiar tus hábitos tu estilo de vida y tu manera de pensar positiva, nada negativo, si lo haces, no necesitarás a nadie más que tú para poder vencer al monstruo.

Pese a lo dicho en la parte de arriba, debo ser sincero, este poderoso método de las afirmaciones mediante la conocida ley de la atracción, si bien, es extremadamente efectiva en ciertas personas no son tan rápido sus resultados, pero si tienes un poco de paciencia que es una virtud en las primeras 5 semanas de haber comenzado podrás ver y sentir su eficacia. En lo personal me funcionó a las 4 semanas, y lo hice conforme dejaba vicios y malos hábitos mentales.... En 4 semanas ya sentía seguridad, tranquilidad, calma, positividad y lo más importante: felicidad algo que no había sentido la última década. Esta ley es universal por lo que sin importar la época siempre, siempre será eficaz. Claro, es más lenta en dar resultados, pero por ser una ley universal que rige la vida traerá sanación a tu vida una vez que hayas cambiado tu viejo patrón mental a uno nuevo. Con las sencillas, pero poderosas afirmaciones tu vida cambiarás y la ansiedad se irá sin que casi te des cuenta. En todo momento desde ya comienza a ser positivo. Si, aunque las cosas no estén bien... piensa cosas positivas como si ya estuvieran pasando en tu vida como si fueran una realidad ya. Si lo haces, independientemente si se hacen o no realidad estarás mandando a tu subconsciente patrones y órdenes de reprogramar a un mejor yo y por ende a un nuevo estado mental libre de los molestos trastornos de la ansiedad generalizada.

Aquí te muestro 10 poderosas afirmaciones que yo hacía cada mañana y antes de acostarme. Te recomiendo que hagas las tuyas, aquellas cosas que más te sientas identificado:

1. Simmon, hoy serás feliz, si muy feliz ¿por qué? porque aún puedes respirar y tienes muchas cosas porque luchar y ser feliz.

2. Simmons, jamás me rendiré, es por eso que siempre sonreiré sin importar la tormenta...

3. "Simmons ya no temes al miedo, al contrario, quiere ser tu amigo porque pronto se irá y nunca volverá". Ríete de él así se va cuando da un ataque de pánico. Si te ríes con valor verás cómo se va de inmediato, creo que la furia en esos momentos hace que el miedo huya, ser fuerte en ese momento, tener furia hace que cualquier pánico huya...

4. No más la vida promiscua, me alejaré de bares y lugares de vicio.

5. Hoy iré a las montañas a correr.

6. Tengo metas que cumplir y con gusto las haré.

7. Me siento muy bien.

8. Dormiré sin ningún temor porque soy feliz sin preocupaciones.

9. Ya no me preocupo por nada, vivo cada día.

10. Estoy sano, estoy sano me siento bien...

La meditación para la ansiedad

La meditación fue parte fundamental y esencial para que yo sanara definitivamente, pero quizás te preguntes en qué consiste este eficaz método. La práctica de la meditación es donde uno ejercita su estado mental. En palabras practicas, se trata de no transmitir ningún tipo de pensamiento al subconsciente mientras se ejecuta solamente sintiéndola en ese estado presente sin llevarla al pasado o futuro. Y en este estado nuestra mente nuestro subconsciente y consciente pueden entrar en sintonía y equilibrio, y por ende se calman y dejan de mandar sensaciones desagradables a nuestro cuerpo...

Llevar a cabo esta práctica siempre traerá buenos resultados para toda nuestra salud y mucho mejor para nuestra mente, y esto es debido a que disminuye notablemente los niveles de ansiedad y estrés que contribuye en gran medida a la segregación de las hormonas de la felicidad. No únicamente tiene beneficios para la ansiedad, sino que serán como un apoyo cuando se están dejando vicios y malos hábitos.

Profesionales de la salud mental lo han recomendado en los últimos años como un eficaz tratamiento alterno para deshacerse de la ansiedad. Uno de los primeros psicoanalistas que lo empleó exitosamente y con resultados positivos del 88 % fue Peter Kelt en uno de los mejores hospitales de Estados Unidos. Y debido a sus increíbles resultados muchos especialistas comenzaron a llevarlo a cabo debido a que reestructura nuestra mente a un estado anterior en los procesos mentales.

Independientemente del conjunto de técnicas mencionadas en los primeros apartados de esta guía con las cuales me ayudé y me curé también es sumamente fundamental la meditación el cual yo lo llevaba a cabo 2 veces por día, en la mañana y antes de dormir dándome increíble paz. Ahora estoy en paz y feliz. Lo bueno de esta práctica es que funciona casi para todos, es decir de acuerdo al mental Hehl USA de 1000 personas que lo llevan a cabo presenciaron que en los primeros 2 meses 920 personas llegaron a una sanación de la ansiedad del 70 % sin contar el resto de meses por delante, obviamente hay que mencionar que muchas ansiedades son moderadas y con esta práctica podría irse de tu vida mientras que otras ansiedades crónicas requieren más tiempo, pero es un buen camino para sanar.

Ahora voy a contarte en síntesis como viví mi experiencia con este método. Mi ansiedad era brutal que ni era capaz ni siquiera de mantener mis ojos cerrados, ya sabes pensamientos intrusivos y toda clase de incomodidades por las noches, además, de las pesadillas y los malditos ataques de pánico que me impedían conseguir paz mental, ya en esta etapa de mi vida apenas comenzaba a practicar las afirmaciones. Pero como era nuevo, apenas todavía se presentaba la ansiedad por lapsos de días o semanas, pero por fortuna en esta etapa conocí la meditación. Todavía recuerdo que estaba mirando un video sobre el valor de nuestras vidas y de pronto comprendí, todo un cúmulo de emociones llegó a mi ahí y me di cuenta realmente lo que sucediendo con mi vida. Tenía dos opciones; sanar de una vez por todas o intentar con lo que tenía, que si bien las afirmaciones eran increíbles llevaría tiempo. Así que en este punto es donde debes meditar ¿qué está sucediendo en tu vida?

¿en dónde te encuentras? las afirmaciones pueden sanarte, pero con la meditación es mucho más rápida.

Ya en esta etapa podía conciliar el sueño y mantener mi ansiedad bajo control cuando me daba algún ataque de pánico, pero obviamente, aún no estaba curado del todo, ya que mi ansiedad como lo dije antes era crónica, pero igual había mejorado increíblemente de cómo me encontraba. Quería sanar completamente, llegar al problema. Por lo que con todo y que no deseaba hacerlo emprendí la búsqueda de una especialista que me ayudara con el método de la meditación y gracias a dios la encontré. Poly mi maestra que usaba el método de meditación guiada con imágenes positivas.

Ella era especialista y usaba la meditación con imágenes en todos sus pacientes que ayudó. Lo primero que solía decirme era que me sentara cómodamente en el suelo, pero igual tú lo puedes hacer semiacostado o recostado. Después con su voz acompañado de una melodía armoniosa me iba sumergiendo en una relajación profunda. Posteriormente te dicta que te enfoques únicamente en tu respiración pausada pero profunda, y luego te susurra para que sientas cada detalle de cómo controlar cada zona de tu cuerpo al tiempo que lo relajas, y por último te va llevando mediante una serie de órdenes para que dibujes en tu mente mediante la visualización el lugar más armonioso y tranquilo del universo. Y unos minutos después lo hice, uno entra en un estado mental profundo de tranquilidad que es difícil de imaginar sino lo vives en carne propia.

Si tú lo llevas a cabo por tu cuenta te visualizarás dentro de la imagen mental que tu desees llena de felicidad y paz... cuando uno vuelve de nuevo abrir los ojos algo cambia en nuestra percepción de las cosas. Como todo más en calma, más lento, más positividad y energía.

Aún recuerdo cuando la hice por primera vez. Y fue algo peculiar. Los primeros 15 minutos estuve sentado únicamente tratando de no moverme, al momento que la dulce voz pausada de mi maestra me guiaba en todo el proceso de la técnica. Dentro de mí hacía la imagen mental con dificultad por ser la primera vez. Cabe decir que en primera instancia no pensé que me ayudaría demasiado, pero tan solo en la primera sesión experimenté lo que hacía años no experimentaba: paz, esa paz que nunca pensé que llegaría de nuevo. Y obviamente la había provocado la meditación guiada con visualización. Tan solo esa noche el insomnio no se presentó. Acudí 4 veces por semana y mi sanación fue paulatinamente en los próximos meses. Mucha gente es incrédula y creen que la meditación es una estupidez y la ven como una moda ridícula, pero yo puedo constatar que en verdad funciona. Además de estar comprobada científicamente que este método de meditación guiada con imágenes ayuda a equilibrar nuestro subconsciente desde la primera sesión. Además, de darte grandes beneficios más allá de la ansiedad ya que te permite liberar energía acumulada en los músculos y ayuda a oxigenar todo tu cuerpo y por inercia bienestar mental.

Practicar la meditación diariamente permite eliminar rápidamente tus miedos, y es más fácil para que controles tus ataques de pánico que si no logras eliminarlos, si puedes controlarlos rápidamente.

Cuando un individuo medita se adentra a un nivel de conciencia similar a la energía que fluye al momento de dormir, con la diferencia en que en ese estado de meditación dejamos nuestro yo, es decir, nuestra mente consciente activa y ahí es la parte donde reside el poder. Que al hacer esto se hace posible una comunicación directa entre el consciente y el subconsciente, trascendental para dirigirle órdenes y de esa manera reprogramarlo mediante mensajes positivos derivados de las imágenes mentales o mensajes. Lo increíble de esto es que nuestra mente se adapta a todo, es decir, no importa si llevamos padeciendo cuatro décadas con ansiedad, con la técnica de la meditación guiada visualizada podremos sanar rápidamente.

Por citarte un ejemplo práctico de cómo tú puedes llevarlo a cabo... si tú quieres deshacerte de un miedo que te hace sufrir basta con cerrar tus ojos, y adentrarte poco a poco en tu mente a recrear esa visualización con tu imaginación que te está causando miedo y debes enfrentar ese miedo con fe de que no le temes. Algo importante que mencionar, es que debes visualizar a eso que le temes lo más detalladamente que te sea posible, de verdad imaginándote tu dentro de esa escena, lugar, cosa o situación. Tu subconsciente te obedecerá al pie de la letra cada que le digas un patrón establecido diariamente. Por ejemplo: "ya no me da miedo hablar ante la gente, ya no me asusta que piensen lo que quieran. Ya no volveré a tener miedo, me veo ya libre de la ansiedad y disfrutando de la vida..." visualizaciones así debes hacer todos los días. Son tan simples y tan poderosas en tu subconsciente porque genera nuevos patrones. Y poco a poco tu miedo comienza a desaparecer, esto aplica para cualquier cosa, miedo, hábito... nuestra mente subconsciente siempre tendrá que obedecer porque es nuestro esclavo, así es, esclavo de la mente consciente: tú.

Cabe aclarar que no siempre se consigue en los primeros días la paz mental, pero siempre hay un punto de partida a mejorar y lo bueno que siempre es progresiva hasta alcanzar la curación. Para ello, es necesario tener paciencia y ser persistente, y jamás nunca rendirse. Porque en algún punto lo lograrás. La mayoría de las personas que se tratan con esta técnica alcanzan muy buenos resultados desde las primeras dos semanas, al punto de que en muchos desaparece la ansiedad y los ataques de pánico.

Lo más probable es que conoces a muchas personas que son cercanas a ti que todo les sale muy bien en todo sentido desde lo económico, amoroso, social y parece que nunca tienen problemas como los que padeces tú; ansiedad generalizada o trastornos de insomnio o pánico y eso se debe en gran parte a que inconscientemente conocen el secreto de la mente o sencillamente están encausando pensamientos positivos siempre al subconsciente pese a que tengan malos hábitos, pero son positivos y este les está obedeciendo en todo. Contrario a ellos, existen los individuos de que todo les sale mal en todas las facetas y desarrollan trastornos derivados de la ansiedad, depresión, miedos etc. Y esto se debe primordialmente a que indirecta o directamente han mandado por largos periodos de tiempo mensajes negativos, hábitos etc. al subconsciente, tales como pensamientos pesimistas de pobreza, odio, envidia, celos etc., Y nuestro subconsciente está diseñado para ello; obedecer a lo que mande directa o indirectamente nuestro consciente y reflejando tus ordenes en tu cuerpo, así como pobreza física, mental y ansiedades.

Independientemente de lo que hayas padecido o no para llegar a tener ansiedad generalizada debes tener en mente que tu mente consciente o sea tú eres el piloto el que lleva el volante y el que dirige al subconsciente el carro, y tú únicamente puedes dirigirlo a cualquier dirección que quieras. Si tú mandas una orden el obedecerá, pero si dejas a sus anchas que él tome el control te traerá muchas complicaciones como: trastornos, miedos, ansiedades, por eso debes cuidar todo lo que hagas desde pensamientos, hábitos, conductas.

La visualización para alejar la ansiedad

Es una técnica que realmente me dejó anonadado por su eficacia, y que traerá mucha paz mental a tu vida. Es una de las técnicas más increíbles que existen y que se le conoce como cuadros de paz. Y no es tan difícil ejecutarla. De hecho, es más sencilla de lo crees. En un lugar apartado lejos de los ruidos y miradas ajenas, debes poner imágenes impresas de acuerdo a lo que desees conseguir, por ejemplo, paz a tu vida. Por lo que debes colocarlas en los sitios donde más pases, porque de esa manera las estará mirando todo el tiempo y mandado a tu mente ese mensaje subliminal de paz. La idea aquí, es que lleves un estallido de estímulos de calma y tranquilidad a su mente consciente y subconsciente, es decir, estímulos directos de paz y armonía todo el tiempo. Por ejemplo, puede ser un cuadro donde mires una pareja completamente feliz en medio de un campo de trigo, una familia disfrutando en medio de un bosque. O sencillamente un paisaje precioso. Quizás pienses que es una reverenda tontería, pero créeme, la reacción es acumulativa, pronto en días, semanas verás sus resultados. De alguna forma, el subconsciente irá arrojando una y otra vez estímulos positivos a tu mente, y como reacción responderá automáticamente en cambios positivos en todo tu organismo, como el equilibrio mental, baja ansiedad y desaparición de trastornos. Y para cuando siquiera lo pienses, ya estarás saliendo de tu pesadilla y únicamente lo verás como un pasado remoto.

Esta técnica es vital practicarla cada vez que te vayas a dormir. Lo recomendable es una hora antes mientras hace efecto el té de tu agrado. Debes adentrarte en esa imagen mental, independientemente de lo que sea, pero que te transmita tranquilidad que es lo importante, y también que analices la misma imagen. Créeme, es muy funcional. De hecho, los mismos publicistas la llevan a cabo con increíble éxito. Por citarte un ejemplo. Cuando tus miras un anuncio en la tv o la internet y son unas frituras de papas lo más probable es que las termines comprando. Al menos 5 lo hace de cada 7 que ve un comercial. Y es debido a que funciona de la misma forma que la técnica que te expongo aquí. Lo que sucede es que nuestro yo, es decir, nuestro consciente transmite una señal de deseo cuando vemos las papas a nuestro subconsciente y este traduce el impulso y manda la sensación a nuestro organismo de deseo mediante un antojo de aquello, y por ende tú que decides a ese deseo de comprarlas o no al fin accedes. Al menos 5 de 7 lo hacen y eso se da porque es difícil de resistir ese impulso de deseo de comer esas papas. De la misma forma trabaja la técnica. Si tú le dices a tu mente todos los días: "soy feliz, sanaré, soy feliz sanaré", pero de verdad en acción, haciendo cosas positivas en tu vida, tales como mejorar tus hábitos y patrones mentales, y en vez de quedarte quejándote por tus miedos y angustia sales a caminar a hacer deporte a ser feliz etc. Si llevas a cabo una reestructuración en todo aspecto de tu vida solo serán cuestión de semanas para que logres el éxito.

Quiero que seas tal cual el publicista que hace el anuncio y que tú dirijas a tu mente subconsciente pensamientos, hábitos físicos, acciones, actitudes positivas de armonía, paz y tranquilidad, y todo ello además de llevarlo a cabo con pensamientos, trata de hacerlos con imágenes igual de felicidad, paz armonía. También funciona con toda clase de estímulos que sean agradables para ti. Por ejemplo, sonidos de las olas, el sonido del bosque, sonido de pájaros, o todo aquello que sea una explosión de mensajes de paz a tu subconsciente y puedas reprogramarlo lo más rápido posible y llegar al equilibrio deseado, donde lo ataques de pánico y la ansiedad desaparezcan, tal cual llegaron.

Si en cierto punto te preguntas ¿en cuánto tiempo vendrá la sanación? déjame decirte sinceramente, que eso depende mucho de que tanto estas dispuesto a seguir rigurosamente todo lo expuesto en este libro. Si lo llevas a cabo con fe y paciencia todos los días, en menos de 3 meses, tal cual estarás mucho mejor que ahora. Honestamente sería estúpido de mi parte si afirmará categóricamente que sanarás en una semana. Todo lleva su proceso, pero una vez que hayas echo las primeras mejorías; tu sanación estará a la puerta de la esquina. No hay vuelta atrás.

Realicé esta pequeña guía porque deseo en verdad que sanes. Te pido que analices lo más pausadamente posible y hagas cada paso que expongo aquí ¡analízalo! Hay muchas verdades en este libro que podrán encausar tu vida si pones lo más importante de tu parte: esperanza.

Quiero de corazón que en verdad lleves a cabo cada técnica. Ten fe... lo que importa es que si lo intentas como lo hice yo en su momento sanarás de una manera natural y volverás hacer el de antes cuando eras feliz. Te deseo lo mejor tu amigo Simmons Graham un superviviente que es feliz gracias a los mismos conceptos que expongo en este libro. Tú puedes...